Pequenos Livros sobre
Grandes Pessoas

LEONARDO DA VINCI

Texto
Isabel Thomas

Ilustrações
Katja Spitzer

Tradução
Andréa Stahel

Blucher

Quem foi Leonardo da Vinci?

Artista ou engenheiro? Arquiteto ou cientista? Escultor ou inventor?

Os cadernos de Leonardo – cheios de esboços de pássaros, pessoas, paisagens, máquinas voadoras e projetos de construções – mostram que ele era todas essas coisas.

Era um grande artista, mas também foi um dos primeiros cientistas do mundo, e tentava entendê-lo olhando com atenção tudo à sua volta.

Sua história começa num vilarejo chamado Anchiano, perto da comuna de Vinci, nas colinas da Toscana, na Itália...

Leonardo nasceu em 15 de abril de 1452. Seus pais nunca moraram juntos nem se casaram, mas ele era próximo dos dois. Ele viveu a maior parte da infância na fazenda do pai.

MÃE
Camponesa

PAI
Importante tabelião (um especialista em documentos oficiais)

Leonardo não ia à escola, então tinha muito tempo para aventuras. A paisagem montanhosa da Toscana era perfeita para explorações.

Um dia, ele entrou em uma caverna escura e descobriu os ossos de uma baleia pré-histórica fossilizados na parede rochosa.

O jovem Leonardo era brilhante em matemática e música e artes. Uma vez, Ser Piero pediu ao filho que decorasse o escudo de madeira de um camponês.

Leonardo achava que um escudo deveria ser horripilante, para aterrorizar os inimigos!

A coisa mais assustadora que ele conseguiu imaginar foi a Medusa, uma górgona medonha da mitologia grega. Dizia-se que quem olhasse para o seu rosto virava pedra.

"Perfeito!", pensou Leonardo, e pôs-se a trabalhar.

Ele perambulou pelos campos e florestas, pegando lagartos, grilos, cobras, borboletas, gafanhotos e morcegos.

Quando voltou para casa, empilhou-os para criar um monstro nojento. Pintou-o deslizando para fora de uma caverna escura, vomitando veneno, expelindo fumaça e soltando fogo pelos olhos.

Ao ver a pintura, Ser Piero deu um pulo para trás, horrorizado. Era pavoroso! Leonardo ficou contente – seu trabalho tinha alcançado o objetivo. Ele percebeu que a arte lhe dava o poder de chocar as pessoas!

O pai de Leonardo achou que o escudo era bom demais para um camponês, então resolveu vendê-lo!

No século XV, a maioria dos filhos seguia a carreira dos pais. Mas, de acordo com a lei italiana, filhos de pais que não eram casados não poderiam ser tabeliões.

Em vez disso, Ser Piero desejava que Leonardo fosse um artista profissional. Toda a família se mudou para a cidade de Florença, e Leonardo, então com 15 anos, se tornou aprendiz de um famoso pintor chamado Andrea del Verrocchio.

Verrocchio tinha uma enorme oficina, que produzia diferentes tipos de arte para fregueses ricos:

Que lugar perfeito para uma mente curiosa! Leonardo tinha muito a aprender.

No começo, Leonardo trabalhou em pequenas partes de grandes pinturas. *O batismo de Cristo* de Verrocchio tinha quase dois metros de altura! Leonardo pintou o anjo à esquerda.

O BATISMO DE CRISTO

Verrocchio achou que o anjo estava tão bom que fazia sua própria pintura parecer medíocre. Ele encarregou Leonardo de todas as novas pinturas e passou a se dedicar às esculturas!

Depois de dez anos, Leonardo abriu seu próprio ateliê em Florença. Entre seus clientes estavam os Médici, uma das famílias mais importantes e poderosas da Itália.

Leonardo pôs todo o seu aprendizado em prática, mas estava começando a se rebelar contra o estilo antiquado de pintura.

Em vez de aplicar pigmentos no reboco úmido para criar um afresco, ele preferia usar tintas a óleo em painéis de madeira.

A tinta a óleo demorava mais para secar, possibilitando aos artistas pintar mais devagar e fazer mais alterações. Leonardo descobriu como pintar cabelos sedosos, fundos naturais e atmosféricos, peles brilhantes e viçosas e joias cintilantes.

GINEVRA DE' BENCI

Nas movimentadas oficinas do Renascimento, artistas usavam "livros de padrões" para tornar o trabalho mais rápido. Se alguém encomendasse uma pintura de cavalos, os artistas copiariam de um livro com desenhos de cavalos em diferentes poses.

Leonardo preferia observar atentamente a natureza e pintar o que via. Até quando desenhava criaturas inventadas, como dragões, ele os tornava mais realistas observando animais de verdade.

Leonardo estava usando a arte para compreender melhor a natureza.

Em 1481, um grupo de monges pediu que Leonardo pintasse a *Adoração dos magos*, uma famosa cena da natividade.

Ele começou o trabalho com entusiasmo, e há quem pense que até se desenhou na pintura. Deram-lhe dois anos para realizá-la, mas Leonardo se mudou de Florença para Milão antes de acabar o quadro!

Ninguém sabe por que Leonardo decidiu se mudar. Talvez estivesse aborrecido. Os Médici haviam recomendado os artistas mais requintados da Toscana para decorar a novíssima Capela Sistina, em Roma, mas deixaram Leonardo fora da lista!

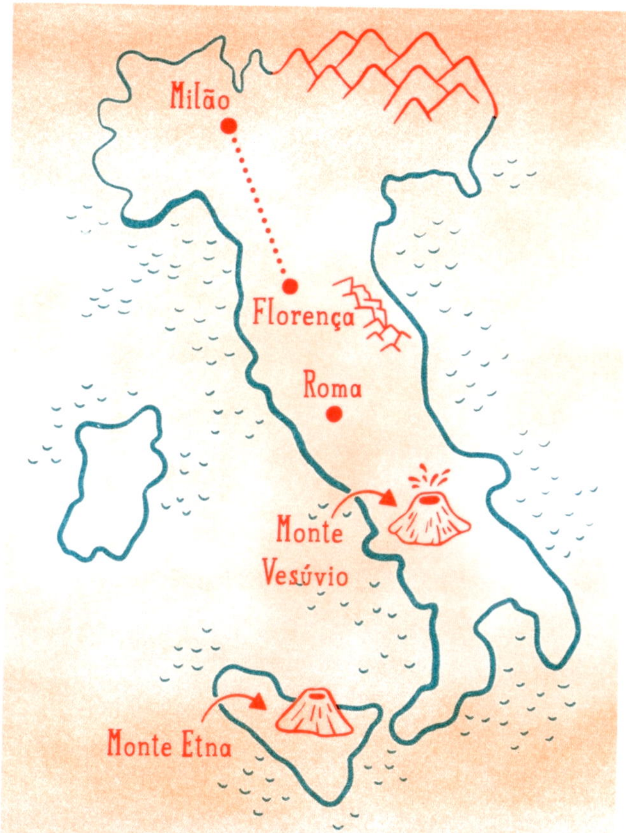

Talvez ele só quisesse uma mudança de ares. Milão era uma cidade maior e mais rica que Florença, estava se preparando para a guerra e precisava de engenheiros.

Leonardo escreveu para Ludovico Sforza, o governante de Milão, descrevendo suas ideias para "vários e infindáveis meios de ataque e defesa".

Tenho planos para pontes, muito leves e robustas, que serão indestrutíveis pelo fogo e pela batalha, e planos para incendiar e destruir as dos inimigos.

Quando a operação de ataque falhar, farei catapultas, trabucos e outras máquinas que realizarão a tarefa a contento.

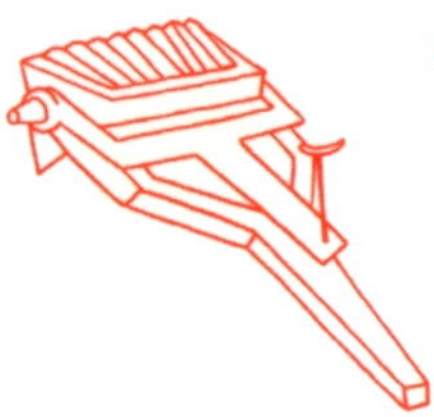

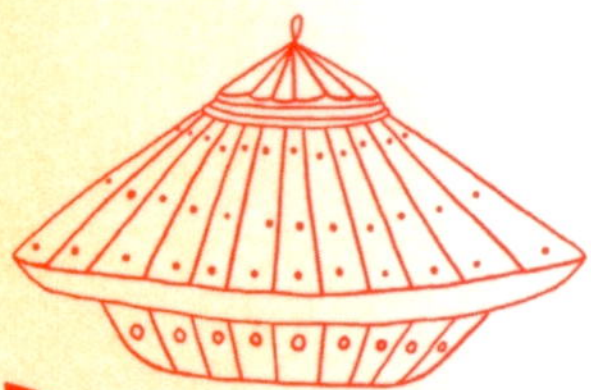

Também farei carros cobertos, seguros e resistentes que penetrarão nas linhas inimigas.

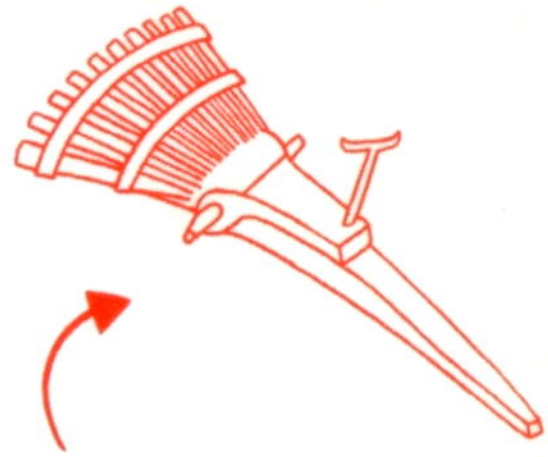

Também tenho planos para armas capazes de lançar pedras pequenas, como se fosse uma tempestade.

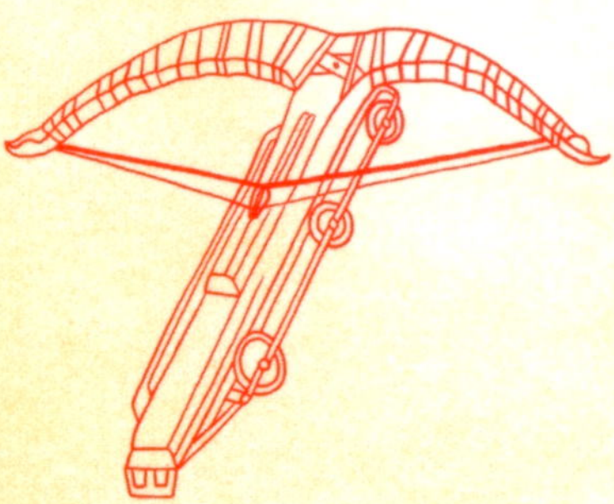

Esse rapaz parece ótimo!
LUDOVICO SFORZA, DUQUE DE MILÃO

Em 1482, Leonardo começou a trabalhar para Sforza. Ele se adaptou bem ao grupo de matemáticos, músicos, artistas e cientistas que transitavam pela corte. Eles eram as celebridades da época.

Que contador de histórias espirituoso!
Foi ele mesmo que fez esse alaúde!
Ele canta e toca tão bem!

Leonardo passou dezessete anos em Milão, e suas habilidades sempre eram solicitadas. Sforza o mantinha ocupado e pagava-lhe regularmente.

ENGENHARIA

- Forja de canhões de bronze
- Inspeção das defesas do exército
- Invenção de armas
- Criação de roupas de mergulho e cintos de natação

ARQUITETURA

- Projetos de domos e torres para catedrais
- Planejamento de fortes, pontes, vilas e castelos

PINTURA E ESCULTURA

- Decoração de retábulos
- Pintura de retratos
- Decoração de igrejas e palácios

ENTRETENIMENTO

- Apresentações musicais
- Redação de poesias, histórias e charadas
- Criação de adereços e figurinos para festas e festivais
- Invenção de maquinário de palco

PLANEJAMENTO URBANO

- Gestão do sistema de abastecimento e drenagem de água
- Aperfeiçoamento da saúde e do transporte
- Planejamento de eclusas e canais
- Planejamento de uma nova cidade com ruas de dois andares

Às vezes o trabalho era um pouco demais, e Leonardo se sentia frustrado.

Ele havia prometido construir uma estátua de "um enorme cavalo de bronze montado pelo duque Francesco [pai de Sforza] usando armadura".

Como muitos dos projetos de Leonardo, o trabalho no cavalo gigante progredia lentamente. Depois de oito anos, ele começou a visitar estábulos para esboçar modelos de cavalos.

O que Leonardo realmente queria era ter mais tempo para sua épica busca por conhecimento.

Leonardo havia começado a encher cadernos com ideias – rabiscos, esboços, experimentos, invenções, apontamentos e listas de compras. Ele continuou preenchendo-os até sua morte, e o conjunto deles abarca todas as áreas da ciência e da arte.

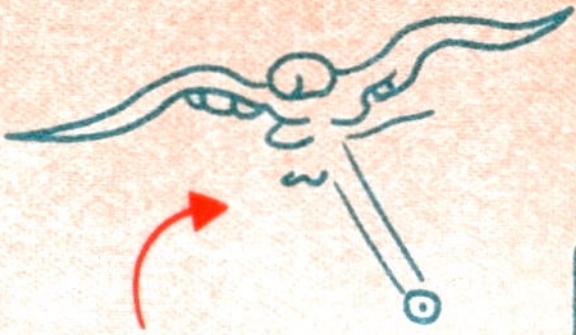

voo

música

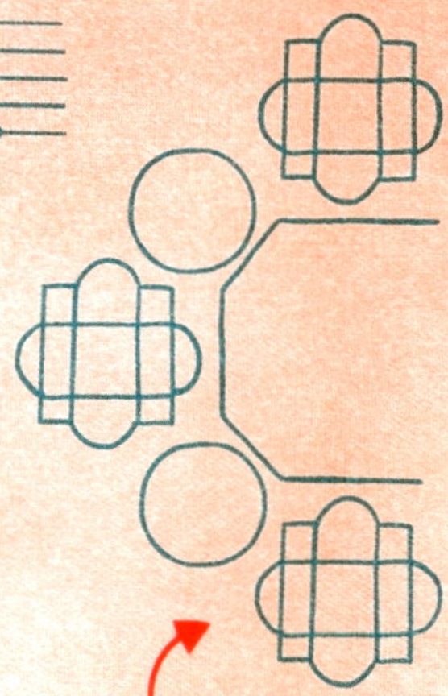

arquitetura

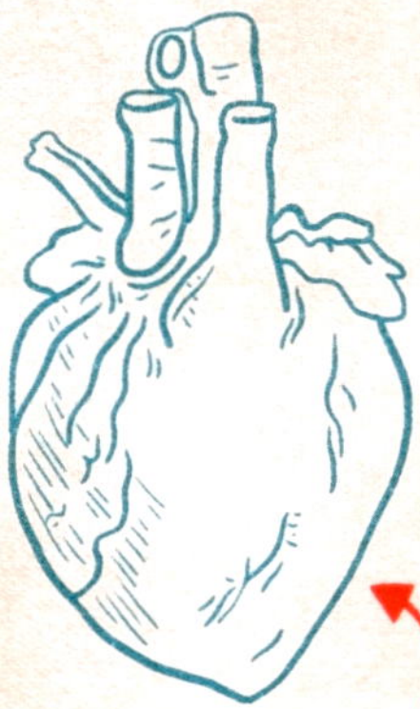

anatomia

arte

É notório que Leonardo escrevia de modo espelhado em seus cadernos. Talvez fosse para manter suas ideias em segredo – ele se preocupava com a possibilidade de que algumas delas, se caíssem em mãos erradas, causassem estragos.

Apoie um espelho aqui para ler!

Uma das coisas que mais fascinava Leonardo era a anatomia – o modo como nossos corpos são estruturados por baixo da pele.

Leonardo não estudou muito em livros (naquela época, a maioria dos livros era escrita em latim, uma língua que ele não sabia ler).

Ele aprendia sobre as coisas vivas desenhando-as. Anotava o que via e as perguntas que queria responder.

O que é o espirro?

O que é o bocejo?

Quais músculos abrem as narinas?

Quais músculos abrem e fecham as pupilas dos olhos?

Por que os dois olhos se movem juntos?

As pernas de um sapo se parecem muito com as pernas de um homem.

Descrever a língua do pica-pau e a mandíbula do crocodilo.

O comprimento dos braços abertos de um homem é igual à sua altura

No século XV, não existiam câmeras nem fotografias. Pinturas e esculturas eram os únicos modos de registrar algo visto. Leonardo queria que suas pinturas parecessem tão realistas e naturais quanto possível, e ele praticava desenhando uma série de cabeças.

Desenhar ajudou Leonardo a aprender sobre ciências, e, quanto mais aprendia, melhor ficava sua arte.

Mas Leonardo era perfeccionista e quase nunca ficava satisfeito com seu trabalho.

"Muitas vezes pintores caem em desespero [...] quando veem que suas pinturas não têm a harmonia e a vitalidade que encontramos em objetos vistos no espelho."

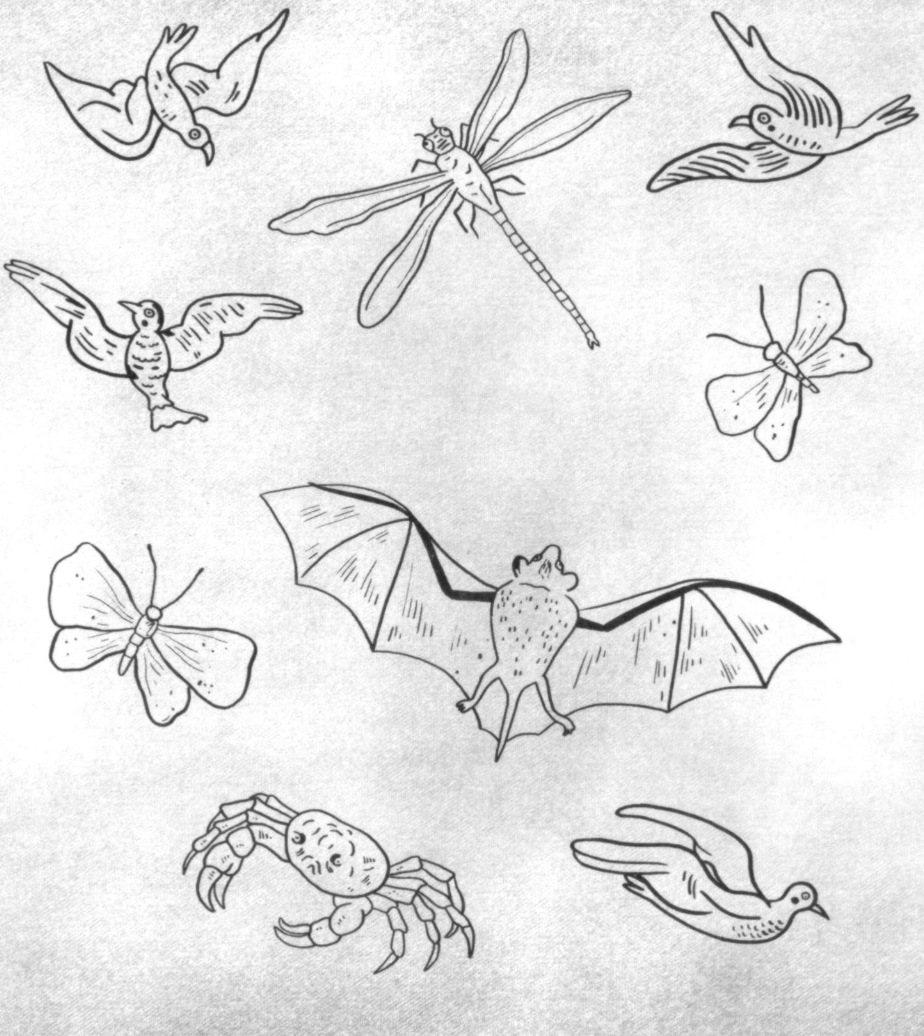

“Eu não era fascinado apenas pela anatomia humana. Estudei pássaros, morcegos e insetos voadores, tentando entender como eles se mantêm no ar.”

Leonardo esperava imitar a natureza projetando uma máquina que ajudasse os humanos a voarem. Ele esboçou máquinas com asas que batiam como as dos pássaros.

Assim como aprendeu sobre ciência ao desenhar, Leonardo inventou máquinas desenhando-as. Ele era brilhante pensando em 3D.

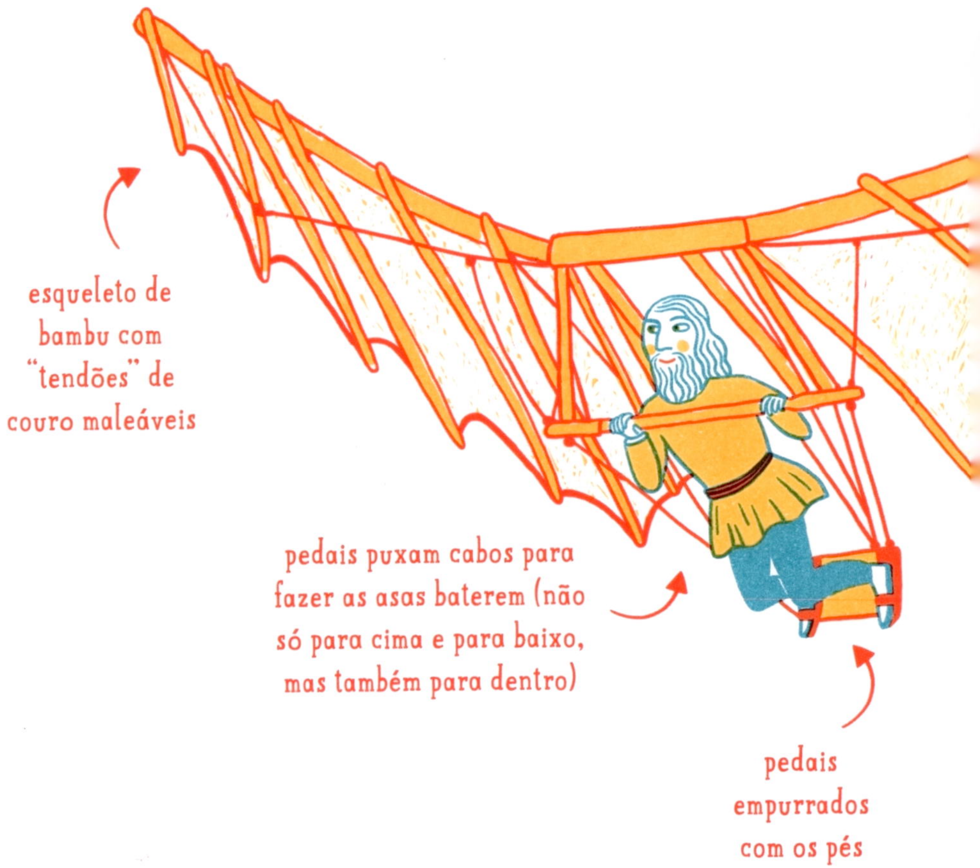

Não sabemos se Leonardo construiu e testou suas máquinas voadoras – mas outras pessoas o fizeram! Vá para a página 55 e descubra se um de seus projetos funcionou.

Em 1495, Sforza pediu que Leonardo pintasse um afresco da Última ceia para decorar uma parede no mosteiro de Santa Maria delle Grazie.

Um jovem monge, Matteo Bandello, escreveu sobre como era ver Leonardo trabalhar:

Ele chegava de manhã bem cedo e subia no andaime, porque a pintura ficava bem acima do chão.

Em várias ocasiões, e vi isso com meus próprios olhos, ele não largava o pincel do amanhecer até o cair da noite e, esquecendo-se de comer e beber, continuava a pintar.

Havia então períodos de dois, três ou até quatro dias em que ele nem encostava na pintura, mas ficava às vezes uma ou duas horas por dia só olhando para ela...

Os monges se queixavam de que Leonardo estava trabalhando muito devagar, mas ele tinha uma boa desculpa...

A última ceia acabou sendo uma das melhores pinturas de Leonardo. Também foi o último trabalho que realizou para Sforza em Milão.

Como muitos dos projetos de Leonardo, o cavalo gigante nunca foi concluído. Ele chegou a construir um modelo de argila do tamanho que a estátua teria, mas então as tropas francesas tomaram a cidade e expulsaram Sforza!

Leonardo logo foi para Veneza, e o modelo – com sete metros do casco até a crina – foi usado para treinamento de pontaria.

Na época, Leonardo já era famoso em toda a Itália, e era fácil encontrar novos trabalhos. Depois de uma breve permanência em Veneza, ele voltou para Florença.

A cidade estava em guerra contra a vizinha Pisa. Leonardo foi incumbido de desviar um rio para impedir o acesso de Pisa ao mar! Era uma tarefa impossível.

Ele também aceitou novos trabalhos de pintura, incluindo um enorme afresco na parede da prefeitura, celebrando a vitória anterior de Florença sobre Pisa na Batalha de Anghiari.

Leonardo estava pronto para começar a pintar quando aconteceu um desastre!

“No dia 6 de junho de 1505, sexta-feira, às 13 horas em ponto, eu comecei a pintar no palácio.

Naquele momento o tempo ficou ruim, e o sino tocou, chamando os homens para se reunirem.

O esboço rasgou. A água entornou e o recipiente em que estava quebrou.

E de repente o tempo fechou completamente, e choveu tanto que as águas abundaram. E o dia ficou escuro como a noite."

O esboço estava arruinado! Mas, como desculpa, é melhor que "o cachorro comeu minha lição de casa".

Dois anos depois, o governo florentino exigiu que Leonardo se apressasse e concluísse *A Batalha de Anghiari* ou então devolvesse o pagamento.

Por sorte, Leonardo tinha amigos em altos postos. O rei da França, Luís XII, pediu que "nosso querido e adorado Leonardo da Vinci" fosse trabalhar para o governador francês em Milão.

Leonardo voltou a Milão para trabalhar como arquiteto, artista e engenheiro da corte. Levou consigo outra pintura que havia começado em Florença, mas ainda não acabara – *La Gioconda*, mais conhecida como *Mona Lisa*.

É uma das melhores e mais misteriosas pinturas de Leonardo. É especial porque ele conseguiu mostrar em uma pintura não só a aparência de sua modelo, mas o que ela estava pensando e sentindo.

LA GIOCONDA

Em 1512, os mecenas franceses de Leonardo começavam a perder poder na Itália. No ano seguinte, ele resolveu se mudar para Roma, onde a família Médici estava no poder.

Os Médici instalaram Leonardo em um luxuoso palácio, mas ele não gostou de Roma. Ele se isolou, estudando a estrutura do coração, fazendo experimentos com lentes e espelhos e lamentando-se que as pessoas não levassem os pintores a sério o suficiente.

Leonardo também se divertiu ao adornar um lagarto para parecer um pequeno dragão.

Com o tempo, Leonardo foi ficando cada vez mais rabugento. Quando seus mecenas, o rei Luís XII e Giuliano de' Médici, morreram, Leonardo se desesperou. O que seria dele?

Em 1515, Leonardo inventou um grande leão mecânico – um presente dos Médici para Francisco I, o novo rei da França.

Francisco I adorava arte e deve ter ficado impressionado com o leão. Em 1516, convidou Leonardo, então com 64 anos, para deixar a Itália e se tornar seu pintor real.

Leonardo se mudou para a França com seu amigo mais querido, Francesco Melzi. Suas preocupações tinham acabado. Ele era bem pago, tinha uma casa grande para chamar de lar e tempo e espaço para pintar e estudar ciências.

Ele até tinha a chance de conversar com o rei todos os dias.

Em 23 de abril de 1519, Leonardo escreveu sua última anotação – seu testamento. Nove dias depois, ele morreu, aos 67 anos.

Leonardo já era conhecido quando morreu, mas, nos últimos quinhentos anos, ele se tornou famoso no mundo inteiro.

Ler as 7 mil páginas de seus cadernos é como explorar a mente de um gênio. Ele nunca parou de fazer perguntas e de descobrir coisas novas.

Como cientista, algumas de suas ideias e percepções estavam centenas de anos à frente do resto do mundo.

Até mesmo estes pequenos rabiscos se revelaram o primeiro registro das leis do atrito no mundo!

Sua compreensão da <u>física</u> fez dele um fantástico engenheiro, auxiliando-o na invenção de mais de quatrocentas máquinas. Ele desenhou os mecanismos com tantos detalhes que hoje eles podem ser construídos!

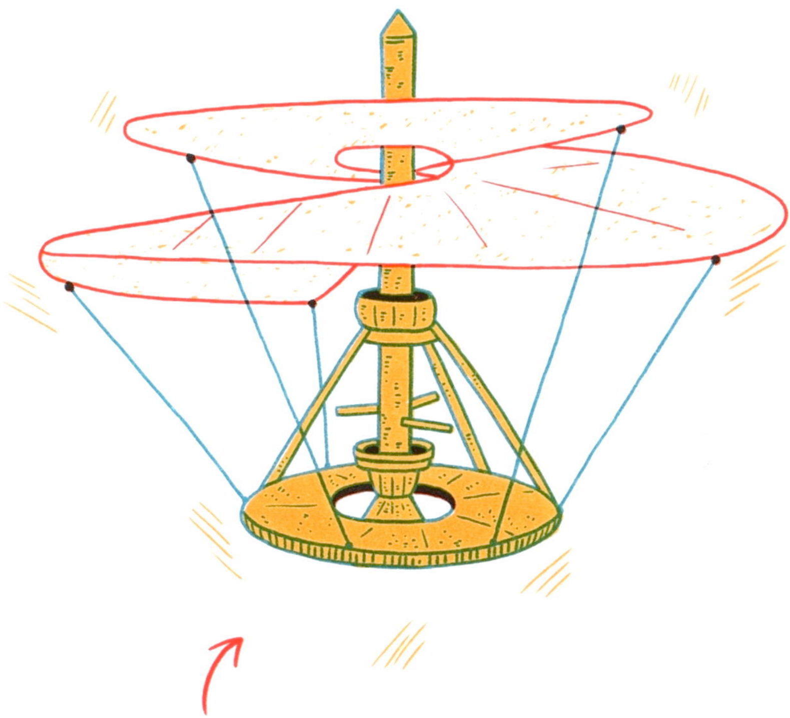

Esta máquina voadora não funcionou, mas foi uma ideia incrível para a época!

O impressionante conhecimento científico de Leonardo também o ajudou a criar algumas das maiores obras de arte do mundo.

Curiosamente, para um artista tão famoso, poucas pinturas de Leonardo sobreviveram – e muitas não foram assinadas nem mesmo acabadas!

Por sorte, Leonardo gostava de conservar seus esboços e seus desenhos, o que ajudou os historiadores a descobrir em quais obras-primas ele trabalhou. Cerca de seiscentos desenhos de Leonardo ainda existem.

Ele era magistral em fazer pessoas e animais parecerem reais e expressivos. Suas técnicas mudaram o modo de trabalhar de outros artistas.

Leonardo é famoso por ter sido um gênio. Mas seus cadernos mostram que, em muitos aspectos, ele era igual a qualquer um.

Ele reclamava com frequência – de pessoas que não o respeitavam o bastante, de pessoas que perturbavam seu isolamento e de trabalhos que não queria fazer.

Preocupava-se com o que as pessoas pensavam dele. E não conseguiu impressionar todos:

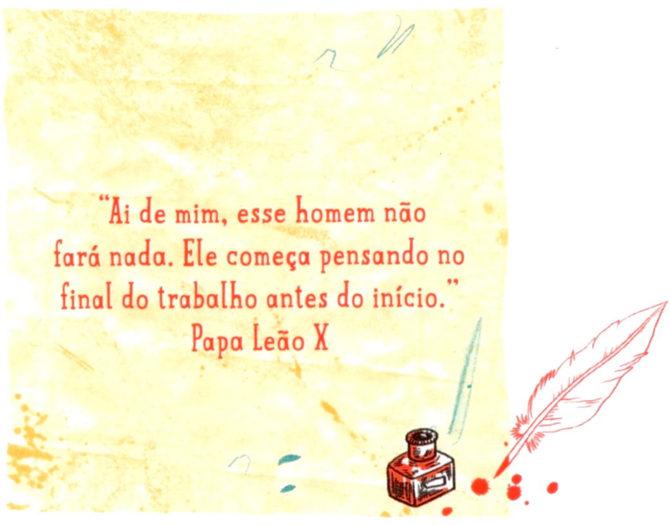

Mas pensar era sua especialidade. Ele não queria apenas fazer as coisas e ser pago. Queria entender tudo que já existia.

Ele sempre será lembrado como a pessoa mais curiosa do mundo.

LINHA DO TEMPO

1452

Leonardo nasce em 15 de abril, perto da comuna de Vinci, na Itália.

1467

Leonardo se torna aprendiz de Andrea del Verrocchio em Florença.

1473

Leonardo desenha *Paesaggio del Valdarno* (*Paisagem do Vale do Rio Arno*), seu primeiro desenho conhecido. Contribui em *O batismo de Cristo*, de Verrocchio, que termina em 1475.

1482

Leonardo escreve para o governante de Milão, Ludovico Sforza, oferecendo seus serviços. Ele deixa Florença e se muda para Milão.

1483

Leonardo recebe uma encomenda para pintar a *Virgem dos rochedos*.

1488–1490

Leonardo começa a trabalhar em projetos de máquinas voadoras, incluindo um "helicóptero", um submarino e máquinas de guerra.

1493

Leonardo constrói um modelo em argila do cavalo de Sforza.

1495

Sforza pede que Leonardo pinte um afresco da Última ceia para decorar o mosteiro de Santa Maria delle Grazie.

1498

Leonardo conclui *A última ceia*, mas não termina a estátua do cavalo de Sforza.

1507

Leonardo é nomeado engenheiro e pintor de Luís XII. Ele pinta uma segunda versão de *Virgem dos rochedos*.

1513

Leonardo se muda para Roma e mora no Vaticano, estudando as propriedades dos espelhos.

1515

Por volta dessa época, Leonardo pinta *São João Batista*. Também constrói um leão mecânico para o novo rei da França, Francisco I.

1478

Registra-se o primeiro comissionamento de uma obra a Leonardo, de um retábulo em uma capela de Florença. Entre seus clientes, está a família Médici.

1479-1480

Presume-se que Leonardo tenha pintado *Madona e o menino* e *São Jerônimo*, que ele nunca terminou.

1481

Leonardo aceita pintar o retábulo *Adoração dos magos*, mas não termina o trabalho.

1489

Leonardo começa a trabalhar no cavalo de Sforza e empreende o estudo da anatomia humana.

1489-90

Leonardo pinta o retrato de Cecilia Gallerani (*Dama com arminho*) e começa a estudar o voo dos pássaros.

1490

Leonardo pinta *Retrato de um músico*.

1499

O exército francês conquista Milão, e Leonardo deixa a cidade.

1500

Leonardo chega a Florença, e mais tarde se torna engenheiro militar de César Bórgia.

1503

Leonardo começa *A Batalha de Anghiari*. Florença está em guerra contra Pisa. Leonardo começa esboços para *La Gioconda*.

1516

Leonardo deixa a Itália e vai para a França, onde trabalha para Francisco I.

1519

Em 2 de maio, Leonardo morre aos 67 anos.

GLOSSÁRIO

afresco – uma pintura feita em reboco úmido na parede ou no teto, de modo que as cores sejam absorvidas pelo reboco e se fixem quando ele secar. Essa técnica era usada em pinturas renascentistas.

anatomia – o estudo da estrutura do corpo de humanos, animais e outros organismos vivos.

arquiteto – uma pessoa que planeja e projeta a construção de edifícios.

arquitetura – o processo de planejar, projetar e construir edifícios, bem como seu produto.

botânica – o estudo das plantas.

comissionamento – um pedido para que algo, em especial uma obra de arte, seja especificamente produzido.

engenheiro – uma pessoa que projeta, constrói e testa estruturas, materiais e sistemas.

esboço – um desenho feito como preparação para um objeto de arte. O conceito remonta à Idade Média.

física – o estudo da matéria, da energia e da interação entre essas forças.

geologia – o estudo, pela análise de rochas e do solo, da estrutura da Terra e de suas modificações ao longo do tempo.

górgona – na mitologia grega, o termo se refere a qualquer uma das três irmãs (Medusa, Esteno e Euríale) que têm cobras no lugar dos cabelos.

mecânica – as partes funcionais de uma máquina.

mecenas – alguém que fornece dinheiro ou outros tipos de apoio para uma pessoa ou organização.

Medusa – uma das três irmãs górgonas da mitologia grega. Quem olhasse para os olhos da Medusa seria transformado em pedra.

óptica – o estudo científico da visão e do comportamento da luz.

perspectiva – a arte de representar objetos tridimensionais (por exemplo, edifícios) em uma superfície bidimensional (como o papel) para dar a impressão correta de sua altura, sua largura, sua profundidade e sua posição em relação uns aos outros.

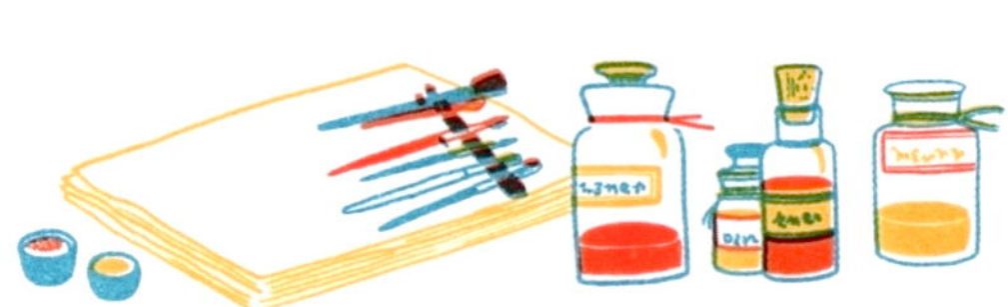

pigmentos – substâncias usadas para colorir ou pintar, que, quando misturadas com óleo ou água, produzem tintas.

pré-histórico – o período anterior aos registros escritos.

química – o estudo de matérias (coisas como átomos, gases e elementos) e do modo como elas interagem umas com as outras.

Renascimento – um período na história europeia, do século XIV ao século XVII, durante o qual o mundo ocidental passou por grandes mudanças.

retábulo – uma obra de arte, como uma escultura ou pintura, com tema religioso e feita para ser colocada acima e atrás do altar em uma igreja cristã.

sob medida – feito para um cliente ou usuário específico.

trabuco – uma máquina usada em batalhas para lançar grandes pedras ou outros mísseis (armas).

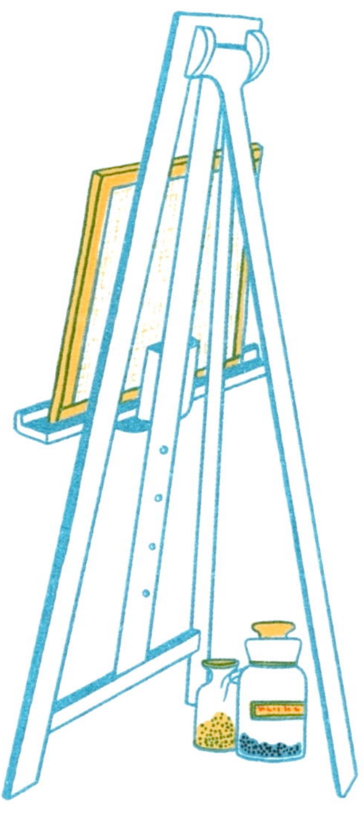

ÍNDICE

CRÉDITOS

Fotografia da página 61: cortesia da Library of Congress.